MISSION DE PHÉNICIE

à Monsieur [illegible]
hommage respectueux
Ed D.
Melun

MISSION DE PHÉNICIE

RÉDIGÉE PAR M. ERNEST RENAN,

MEMBRE DE L'INSTITUT.

1 vol. in-folio, 885 pages et 70 planches. — Paris,
Imprimerie nationale, 1864-1874.

COMPTE-RENDU BIBLIOGRAPHIQUE

PAR

E. DROUIN

de la Société asiatique.

MELUN

TYPOGRAPHIE A. HÉRISÉ, RUE DE BOURGOGNE, 23.

1875.

Tirage à part.

MISSION DE PHÉNICIE

M. Renan a terminé, au mois de juin 1874, le récit de la mission d'exploration qu'il a exécutée en 1861 dans l'ancienne Phénicie. La première livraison de ce compte-rendu scientifique a paru en 1864 ; c'est donc un espace de dix années qu'ont nécessité la rédaction du voyage et le déchiffrement des diverses inscriptions grecques et sémitiques, comme la description des différents monuments d'architecture. Pendant ce laps de temps, l'honorable savant a profité des travaux qu'ont provoqués ses découvertes mêmes, dès leur publication, en

1862, et des faits certains dont la science s'enrichit chaque jour, grâce aux voyages et aux découvertes de MM. de Vogüé, Waddington, de Saulcy, Clermont-Ganneau et Perétié. Les études dont ces découvertes ont été l'objet ont fait faire un grand pas à la question de l'épigraphie et de l'archéologie sémitiques.

D'après la division établie par M. Renan lui-même, dans son *Histoire des Langues sémitiques*, les populations que nous connaissons aujourd'hui sous le nom grec de Phéniciens, formaient une branche de la grande famille semitico-couschite, à laquelle appartenaient les Assyriens, les Hébreux, les Araméens et les Ismaëliens ou Arabes. Les Juifs leur donnaient le nom de Chananéens et les considéraient comme une race maudite. Les Phéniciens se désignaient aussi eux-mêmes par le nom de pays de Chanaan, mot que l'on trouve sur leurs médailles.

Les meilleurs auteurs qui ont écrit sur les migrations des peuples pensent que la branche phénicienne sortit la première du berceau commun de la race sémitique, c'est-à-dire d'au-delà du Tigre, dans les montagnes de la Gordyène et de l'Aturie, vers 2000 ans av. J.-C.; ce peuple se civilisa de bonne heure et devint un objet de haine pour ses frères, les Hébreux, demeurés pasteurs. L'émigration porta les Phéniciens sur les bords de la Méditerranée, où ils s'établirent le long de la côte, au nord de la Palestine. Ils devinrent un peuple commerçant, voyageur et maritime. Leurs flottes couvraient les mers bien longtemps avant qu'une autre nation songeât à leur disputer le monopole commercial constitué au profit de Tyr et de Sidon. Leur langue a la plus étroite affinité avec l'hébreu, au point que, sans ce dernier idiome, on ne serait jamais parvenu à déchiffrer le fameux passage du Pœnulus, le premier texte phénicien qui ait été traduit. Il est certain qu'il existait une littérature phénicienne qui devait être cultivée, à la métropole comme dans l'Afrique carthaginoise et dans les colonies, mais de tous ces écrits antiques, pas un seul n'est parvenu jusqu'à nous. Fort heureusement, les monuments épigraphiques ont permis de combler en partie cette lacune ; mais leur nombre n'en est pas considérable et la variété n'en est pas très-grande, car ce sont presque tous des inscriptions votives. Il faudrait trouver un texte comme la stèle de Mésa ou un traité de commerce, ou des décrets amphictioniques, ou des contrats entre particuliers, comme l'épigraphie grecque nous en a laissé des exemples remarquables ; une découverte de ce genre serait un événement qui ne pourrait manquer de jeter la lumière sur l'histoire, les mœurs, comme sur la religion de ce peuple auquel l'antiquité attribue l'invention de l'écriture, et qui dut porter la civilisation partout où son commerce le conduisait.

La visite des pays qui furent le berceau de cette civilisation présentait un attrait et un intérêt tout particuliers pour M. Renan, que ses études sémitiques désignaient comme devant être le chef d'une mission essentiellement scientifique.

Cette mission, telle que l'a comprise et remplie M. Renan, devait se composer de quatre campagnes de fouilles correspondant aux quatre centres principaux de la civilisation phénicienne le long de la côte. Ces quatre campagnes étaient :

1° Celle d'Aradus, Antaradus et Amrit au nord;

2° Celle de Byblos au centre;

3° Celle de Sidon plus au sud,

4° Et enfin les fouilles de Tyr, à l'extrémité méridionale, avec excursion en Palestine.

I. — La petite île d'Aradus ou Arvad, mentionnée dans le plus ancien monument géographique qui nous reste, le Xe chapitre de la Genèse, semble avoir été le berceau ou tout au moins porte le nom de ces Arvadites qui peuplèrent la côte voisine et fondèrent une série de villes, telles que Paltus, Balanée, Enhydra, Marathus, etc., que les anciens appelaient les filles d'Arvad. A l'époque romaine, ces villes continentales avaient perdu leur célébrité au profit de l'une d'elles, *Antaradus*, nom qui s'est altéré en *Tartous* (Tortose). Ce grand ensemble de civilisation est représenté aujourd'hui par un vaste amas de ruines, dont le point central est le lieu appelé Amrit, l'ancienne Marathus. L'île Aradus a été fouillée avec soin et le résultat de ces fouilles a été la découverte de diverses inscriptions grecques et égyptiennes, de nombreux objets d'art et la reconnaissance d'un mur gigantesque composé de roches basaltiques rapportées et assemblées à sec tout autour de l'île, ouvrage de l'époque phénicienne, pouvant servir de criterium pour discerner les autres constructions de même origine.

A l'égard de l'enceinte de la ville de Tortose, qui avait été considérée par quelques voyageurs comme un ouvrage arvadite de la plus ancienne période, M. Renan démontre qu'il s'agit là, comme à Athlith (l'ancienne Magdiel, d'après V. Guérin), à Baalbek, à Tibnin, de constructions élevées par les Croisés avec de vieux matériaux (1).

Tortose présente, du reste, par sa cathédrale et par ses autres monuments, le champ le plus intéressant pour l'archéologie du moyen-âge en Syrie.

Mais la partie la plus importante des recherches sur le sol arvadite a été exécutée sur le continent, dans la plaine de Marathus, ville antique qui n'est même plus aujourd'hui un village. Il n'existe plus, en effet, que des ruines, mais des ruines nombreuses qui, depuis le moyen-âge, ont attiré l'attention des voyageurs. Parmi ces monuments, que décrit M. Renan, il faut placer en première ligne une vaste construction appelée *el Maabed* ou le Temple, d'un aspect égyptien et qui est le plus ancien et presque le seul temple qui nous reste de la race sémitique ; la disposition de l'édifice indique encore clairement une arche ou tabernacle, une sorte de caaba avec son enceinte réservée et des cellules ou *theba*. Viennent ensuite deux

(1) Le type de ces constructions, quant au bossage, aux raccords et aux irrégularités, offre une similitude remarquable avec les tours de Carcassonne et d'Aigues-Mortes.

naos purement égyptiens (1), avec leur *cella* et entourés d'eau — diverses pyramides sépulchrales posées au-dessus de caveaux funéraires qui ont été fouillés et violés dès l'antiquité; c'étaient là ces *kharabouth* ou mausolées que les riches faisaient dresser sur leurs tombes du temps de Job; — la tour du Limaçon, la bâtisse la plus considérable et la mieux conservée de la Vieille-Phénicie, sorte de mausolée entouré d'épais buissons et converti par le temps en forteresse (2); — un immense stade phénicien avec ses gradins et des restes d'un amphithéâtre circulaire, le tout recouvert d'un mètre de terre végétale, etc.

Pas une inscription, ni phénicienne, ni grecque, ni latine, n'a été trouvée sur le sol d'Amrit, ce qui tend à faire supposer que ces divers monuments remontent à une très-haute antiquité; on sait, en effet, que les Phéniciens, avant l'introduction de l'art grec, écrivaient très-peu sur la pierre, et d'un autre côté l'ab-

---

(1) L'aspect égyptien de ces monuments établit que la Phénicie devint, sous le rapport religieux, comme une province de l'Egypte.

(2) M. Héron de Villefosse a récemment signalé les monuments africains d'Akbou et des Beni-Raten comme ayant une analogie frappante avec la tour du Limaçon.

sence d'inscriptions grecques et latines prouve que la ville de Marathus ne fut pas reconstruite sous l'empire romain ; mais le nom de Psammetik trouvé dans l'île d'Arvad indique que l'influence égyptienne a régné sur l'art phénicien avant la période grecque commençant vers 374 avant Jésus-Christ avec le philhellène Straton. Nous rencontrons une nouvelle preuve de cette influence dans le monument égypto-phénicien trouvé récemment (1873) près le château de Gebeil, représentant une offrande faite par Iekoumelek, roi de Byblos, à la déesse Baalath-Gebeil, sous la figure d'Isis (1).

Les environs de Tortose et la région de Laodicée ont été riches en inscriptions grecques. Une de ces inscriptions rappelle qu'Antaradus a été rebâti en 346 par Constance, qui lui donna le nom de Constantia ; deux autres textes consacrent l'existence autonome d'une cité voisine : Balanée, jusque sous l'empire et démontrent que cette ville avait des institutions municipales analogues à celles des villes helléniques de l'Asie et de la Syrie.

(1) Ce monument a été communiqué dernièrement (22 janvier 1875) par M. de Vogüé à l'Académie des inscriptions.

Le théâtre romain de Gabala avec ses gradins à moulures ; la nécropole de Laodicée du Liban (1) avec ses tombeaux de l'époque des Séleucides ; les ruines de deux des villes les plus anciennes du monde, Semar et Arak ; le monument néo-syrien de Hurmul, sont les vestiges les plus importants que le voyageur signale dans le pays, entre Tortose et Tripoli. Cette dernière ville était une sorte de cité commune à toute la confédération phénicienne, et les textes recueillis par MM. Movers et Ritter nous apprennent que les principales cités de la Phénicie y avaient des quartiers distincts ; mais la position des *trois villes* qui lui ont valu son nom *(tri-polis)*, nous est aujourd'hui complétement inconnue. Ajoutons que l'importance majeure que Tripoli eut au Moyen-âge, a fait disparaître presque tous les vestiges d'un passé antérieur. les environs seulement sont riches en inscriptions grecques et ruines de l'époque romaine.

II. — La seconde campagne, celle de Byblos, n'a pas été très-productive au point de vue de

---

(1) Il existe des monuments à légendes grecques de cinq villes différentes, portant le nom de Laodicée.

l'épigraphie sémitique; cependant elle n'en a pas moins été féconde en monuments d'archéologie phénicienne proprement dite.

Byblos, corruption de Gyblos, l'ancienne Gebal (mod. Gebeil), plusieurs fois citée dans la Bible, a été une ville célèbre dans l'antiquité. Elle a surtout joué un rôle important lors de la renaissance phénicienne sous les Antonins, et elle a laissé son nom à Herennius Philon, grammairien du premier siècle de notre ère, traducteur de la Cosmogonie phénicienne de Sanchoniathon.

A Byblos même, M. Renan a découvert : un bas-relief du grand temple des Adonies, très-fréquenté par les pèlerins; — Byblos était, en effet, plutôt une ville sainte et de pèlerinage qu'un portde commerce; — un fragment égyptien de l'époque saïtique (XXVIe dyn.), peut-être un reste du temple d'Isis, et de nombreux caveaux et grottes sépulchrales d'un aspect grandiose, « vrais tombeaux héroïques comme on en rêve pour les héros d'Homère ou pour les géants de la haute antiquité biblique, » et en même temps de formes variées depuis la sépulture patriarcale analogue à la makpélah d'Abraham, jusqu'au sarcophage romain et à la fosse chrétienne; presque tous ces caveaux sont percés de soupiraux et de trous sans issue, qui sont probablement des restes de sondages antérieurs à la construction, particularité que l'on ne retrouve pas dans le reste de la Phénicie ; enfin, différents autels giblites avec les motifs communs : gradins et feuilles d'angle épannelées. Un seul de ces autels porte une inscription grecque, qui est une invocation à une déesse appelée Nesepteitis, dont la place est inconnue dans le Panthéon phénicien.

C'est aux environs de Gebeil, dans le Liban, qu'il faut chercher la trace de ces anciens cultes payens, déjà proscrits par les prophètes juifs et qui, depuis plusieurs fois transformés et mêlés d'éléments de toute provenance, prirent dans les premiers siècles de Jésus-Christ une vogue extraordinaire ; c'est là qu'on trouve les ruines de ces *Bemuth* ou « hauteurs » mentionnées dans les livres hébreux, impliquant à la fois l'idée de forteresse, de temple et même de tombeau. Bélat, Haboub, Amchit, Maad, sont autant de lieux qui présentent de nombreuses ruines de temples et chapelles, des inscriptions grecques dont quelques-unes fort instructives pour l'Histoire religieuse de Byblos et complètent les données contenues en la Cosmogonie de Sanchoniathon. Quelques-uns de ces textes nous apprennent notamment que l'Adonis phénicien, Adonaï des Hébreux, était adoré à Byblos sous le nom de *Elioun*, c'est-à-dire le Très-Haut, et de Zeus upsistos, et peut-être aussi de Theos satrapès, dédicace que l'on trouve sur plusieurs pierres de Maad, pendant que dans d'autres villes de la Phénicie on reconnaissait pour dieux suprêmes El, Samemroum, Baal et Agros.

Au même territoire appartiennent ces fameuses inscriptions d'Adrien, que l'on trouve sur les rochers du Liban, entre Sémar-Djebail, le col des Cèdres et le pic de Sannin. Ces inscriptions, au nombre d'environ une centaine, présentent un problème épigraphique qui n'est pas encore résolu : elles offrent presque toutes la même légende : **IMP. HAD. AVG.** (*Imperator Hadrianus Augustus*), accompagnée de la formule écrite tantôt en abrégé : **AGIVCP**, tantôt en entier : **ARBORVM GENERA IV CETERA PRIVATA**, et des sigles **DFS**, **VIG** encore douteux. Ces inscriptions sont considérées dans le pays comme des indices de trésors ; presque toutes, en effet, ont, au pied, un trou creusé par les chercheurs d'or ; mais une hypothèse plus probable est celle qui considère ces différentes inscriptions comme un règlement affiché en quelque sorte par l'ordre d'Adrien dans cette région du Liban, autrefois couverte d'arbres (déboisée depuis), et par lequel on faisait la distinction des essences réservées à l'Etat, de celles qui étaient destinées à être vendues à des particuliers; il n'est pas non plus impossible, d'après M. Renan, de voir dans ces nombreux monuments épigraphiques des mentions du passage de l'empereur Romain qui, comme on sait, fut un grand voyageur et visita successivement toutes les parties de son empire.

Enfin, la région la plus remarquable du Liban est la vallée du fleuve Adonis (mod. Nahr-Ibrahim), dont les eaux rouges et les bords escarpés ont été l'objet de mythes et de légendes que nous a transmis Lucien dans sa *Déesse syrienne*. M. Renan a trouvé sur ses rives, à Machnaka et à Aphaka, diverses ruines dont l'une se rapporte au temple de Vénus longuement décrit dans ce traité de l'écrivain de Samosate. En suivant la vallée du fleuve Adonis par Aphaka, le voyageur franchit le Liban par le passage d'Akoura, « une des plus vieilles routes du monde, » et se dirigea vers Baalbeck par le lac Yammouni ou Leimon, sur les bords duquel sont les ruines d'un temple de l'époque phénicienne. La route vers Baalbek est jalonnée de ruines, d'inscriptions grecques ou latines, de marques de propriétés et séparation d'héritages tracées sur le roc. « On s'étonne, dit M. Renan, de voir disputé pied à pied, il y a 1800 ans, un sol qui, de nos jours, est presque stérile ; nulle part on ne comprend mieux et à quel degré de culture Rome avait su élever ce pays, livré avant et depuis sa domination, à une complète anarchie. »

Baalbek ne rentrait dans les limites de la mission de M. Renan que par des substructions colossales que l'on avait prises pour les restes d'un temple antérieur aux Romains, mais qui, en réalité, sont contemporaines de ces derniers. L'auteur n'avait donc pas à parler de ces ruines célèbres, « d'une magnificence écrasante, » selon l'expression de M. de Saulcy, tant de fois décrites, depuis Poullard (1705), Granger (1736) et Robert Wood (1757) jusqu'à nos jours. Nous ne parlerons pas du voyage à Beyrouth, la ville aux cyprès (et non les *puits*, vu que l'eau y est fort mauvaise) et à Deir el Kala, le dernier grand temple du Liban qu'on rencontre en s'avançant vers le sud. M. Renan s'est borné, en général, à prendre de nouvelles copies d'inscriptions déjà connues, toutes en grec et en latin, les seules langues épigraphiques du Liban.

III. — Le pays de Sidon a fourni également au voyageur une nombreuse série d'inscriptions funéraires presque toutes en grec et quelques inscriptions latines, notamment celles des colonnes milliaires élevées par Venidius Rufus en 198 de Jésus-Christ. Saïda ou Sidon, malgré les dévastations du Moyen-âge et les fouilles auxquelles se sont livrés les chercheurs de trésors, offre encore un sol riche en antiquités. Dans les environs se trouvent les grottes sépulchrales de Halalié et celles de Baramié; mais la nécropole proprement dite de Sidon, taillée dans un lit de rochers calcaires, célèbre par la découverte (en 1855) du tombeau d'Echmounazar, a été l'objet tout particulier des recherches de M. Renan. Elle est remarquable par ses caveaux rectangulaires à puits (scheol), dont l'origine remonte probablement à l'Egypte. Ils contenaient des sarcophages dits *anthropoïdes*, également imités de l'Egypte, qui en a laissé un assez grand nombre à partir de la seizième dynastie.

Les différents sarcophages sidoniens constituent, par leur variété, l'histoire de l'art phénicien à ses époques les plus diverses, depuis le neuvième jusqu'au troisième siècle avant Jésus-Christ; la plupart, cependant, appartiennent à l'époque moyenne, c'est-à-dire à la longue période qui va de la fin de la domination assyrienne jusqu'aux Séleucides; ils sont tous en marbre de Grèce, à l'exception du sarcophage d'Echmounazar, qui a été apporté tout taillé d'Egypte, et du sarcophage de Tortose en lave brune de Safita, c'est-à-dire en pierre syrienne ; ils étaient généralement peints sur leur surface, mais ne contenaient vraisemblablement aucune inscription. Leur destination était, en effet, d'être enterrés dans des caves profondes qu'on fermait avec des dalles ou qu'on remplissait de terre, les légendes y eussent été par conséquent presque inutiles. Si le sarcophage d'Echmounazar fait exception avec sa double légende phénicienne, c'est que ce monument n'a jamais été peint et était exposé dans un édicule pour être vu des passants. En somme, plus d'une centaine de caveaux ont été découverts et fouillés dans la grande nécropole de Sidon, tant par M. Renan et M. Gaillardot, son collaborateur, que par leurs devanciers. Les études auxquelles on s'est livré sur les types communs, ainsi que les variétés que présentent ces cercueils de marbre, ont permis de les classer au point de vue de leur antiquité, comme sous le rapport de l'art et de l'influence étrangère.

Les environs de Sidon ont donné également un certain nombre d'inscriptions grecques funéraires. Dans les mêmes parages se trouvent la nécropole de Roumeli, celle de Berdja ; la mosaïque de Nabi-iounas, avec une inscription grecque fixant la date du travail à 695 de l'ère de Sidon (584 de Jésus-Christ), et enfin les tombes de Khan-Khaldi, l'ancienne Heldua.

IV. — La campagne de Tyr (mod. Sour) a été de beaucoup la plus fructueuse au point de vue de l'épigraphie et des recherches archéologiques. La ville proprement dite n'a guère fourni son contingent épigraphique, et il est pénible de constater qu'une grande cité, qui a joué pendant des siècles un rôle de premier ordre, n'a laissé pour ainsi dire aucune trace écrite de son passé. Cependant Tyr mérite l'attention minutieuse que l'on accorde, en dehors de l'intérêt archéologique, aux localités historiques de la plus haute noblesse. « Tyr fut la première ville qui défendit sa liberté contre ces redoutables monarchies qui, des bords du Tigre et de l'Euphrate, menaçaient d'éteindre la vie de la Méditerranée. Quand toute la Phénicie avait plié, ce rocher tint seul en échec l'énorme machine assyrienne, supporta pendant des années la faim et la soif, et finit par voir décamper de la plaine Nabuchodonosor et Salmanazar. On ne traverse pas sans émotion ce détroit, devenu un isthme qui, en son temps, a été le boulevard de la liberté. Cent et deux cents ans avant les victoires de la Grèce, il y eut des « guerres médiques » presque aussi glorieuses que celles du cinquième siècle et dont Tyr supporta tout l'effort, défendant ainsi son indépendance républicaine contre le despotisme oriental. » (*Mission*, p. 574.) La ville fut détruite et c'est ainsi que se réalisa la prophétie d'Ezéchiel dans sa complainte contre Tyr : « On te cherchera et on ne te trouvera plus à jamais » (XXVI, 21). Il est, en effet, fort difficile de fixer aujourd'hui le véritable emplacement de l'ancienne Tyr. Nous savons, par les historiens grecs Arrien et Diodore de Sicile, que la ville se composait primitivement de deux parties : il y avait la ville continentale et la ville insulaire; cette dernière fut reliée à la terre ferme, pendant le fameux siége d'Alexandre, par une jetée ou digue aujourd'hui couverte des sables de la mer. Mais les auteurs modernes ne sont pas d'accord sur la vraie situation des deux ports sidonien et égyptien, comme sur l'emplacement du temple du Nord, dédié à Melkarth et du temple du Sud élevé à une autre divinité que les Grecs ont rendue par Zeus Olympios. M. Renan se livre à cet égard à une longue discussion fort instructive de tous les différents systèmes topographiques, à laquelle nous ne pouvons que renvoyer le lecteur. Ainsi, depuis Alexandre, Tyr est une péninsule, mais, avant la réunion, la vraie Tyr des Hébreux, de Scylax, de Sanchoniathon, a toujours été l'île, Hagia nèsos ; le nom de *tsur*, rocher, en est la preuve ; quant à la partie continentale elle portait le nom de Palaetyr, à peu près où se trouve aujourd'hui Ras el-Aïn.

M. Renan a fait des fouilles dans l'isthme jusqu'à Maschouk, sorte de rocher qui était le centre du faubourg et a trouvé un certain nombre de sarcophages massifs, des cuves de granit et des caveaux. Tout porte à croire que là était bien la nécropole tyrienne et non à Adloun, comme l'ont prétendu MM. Movers et Ritter. Adloun, en effet, est trop loin de Tyr, tandis que tout le tour des collines à l'est de Sour, depuis la route de Kabr-Hiram jusqu'au-delà de la belle caverne sépulchrale appelée Moghâret es-Souk, est, suivant l'expression du narrateur, criblé de tombeaux, les uns à ciel ouvert, les autres souterrains et se décelant au dehors par les crevasses du sol.

Les deux points sur lesquels les fouilles furent particulièrement dirigées dans le voisinage de Tyr, sont Kabr-Hiram et Oum el-aouamid, deux noms devenus depuis célèbres en archéologie et en épigraphie. Kabr-Hiram ou tombeau d'Hiram n'est pas, comme on le pourrait croire, un monument funèbre en l'honneur du célèbre roi de Tyr, contemporain de Salomon ; aucune tradition ne justifie cette appellation, qui paraît être une variante de Kabr-Hairân ; mais cette localité renferme à la fois une immense nécropole et les restes d'une ville importante, vassale de Tyr, et dont le nom ne nous est pas resté. Au milieu de ces ruines apparaît le monument pyramidal surmontant le tombeau phénicien en question, que M. Renan prétend avoir fouillé et déblayé d'une manière complète, sans en avoir rien tiré qui puisse fixer sur l'époque de la construction comme sur la destination du monument. M. de Saulcy, qui l'a visité depuis, espère que de nouvelles explorations seront faites, à la suite desquelles seulement le tombeau d'Hiram dira son dernier mot.

A 300 mètres de ce tombeau, a été découverte la mosaïque dite de Saint-Christophe, formant le pavé d'une petite église byzantine en ruines, et présentant une grande richesse de dessins et de couleurs. Plusieurs inscriptions grecques qui ornent cet objet d'art, nous donnent les noms des saisons, des vents et des douze mois macédoniens usités à Tyr comme à Antioche, à Pergame et à Ephèse, et nous apprennent que la mosaïque a été exécutée en 701, d'une ère non désignée, mais qui est probablement celle de Tyr (575 de Jésus-Christ), c'est-à-dire peu avant l'invasion musulmane, pendant laquelle l'église de Saint-Christophe fut détruite.

Les nombreuses pierres cylindriques (meules) ou en forme de potence (pressoirs) et les travaux industriels exécutés dans le roc, rappellent ce bruit de la meule dont parlent Jérémie (XXV, 10) et l'auteur de l'Apocalypse (XVIII, 32), donné comme indiquant l'approche des villes sémitiques. Les plus belles ruines de ce genre, atteignant des dimensions gigantesques, sont près de Cana de Phénicie et d'Oum el-Aâmed.

Les graffiti de la grotte de la Casmie, de nombreux sarcophages anthropoïdes et bisomes, le tombeau phenico-égyptien de Kneifedh (1er siècle de Jésus-Christ), l'inscription grecque de Doueir de l'an 195 de notre ère, les caveaux funéraires de Schalaboun, le temple de Vénus à Bélat, dont la construction dorique remonte à l'époque ptolémaïque, sont les principales curiosités qu'ont explorées ou découvertes les voyageurs.

Nous voici à Oum el-Aouamid (la mère des colonnes), le point où, après Amrit, l'antiquité phénicienne est la mieux conservée. Ce sont des ruines d'une ville ancienne, dont le nom phénicien nous est inconnu, qui prit sous les Séleucides le nom de Laodicée, et qui disparut avant l'établissement de la domination romaine, car il ne reste aucun monument de cette dernière époque. C'est à Oum el-Aouamid qu'ont été trouvées plusieurs inscriptions phéniciennes dont la lecture a exercé à plusieurs reprises la sagacité des savants français et allemands.

La plus considérable de ces inscriptions (elle contient huit lignes de texte) a été publiée pour la première fois par M. Renan, en 1862, dans le *Journal Asiatique*, et a été l'objet de savantes recherches de la part de MM. A. Lévy, Merx, Schlottmann, Schrœder et J. Derenbourg. M. Renan discute ces différents travaux pour arriver à l'interprétation du texte mot par mot. Il ressort de cette analyse philologique que l'inscription est un vœu adressé à Baalschamin (roi des cieux) par Abdélim, habitant de Laodicée, l'an 143 de l'ère tyrienne (132 ans avant Jésus-Christ). Ainsi ce texte nous révèle l'existence d'une troisième Laodicée, jusqu'ici inconnue (Oum el-Aouamid actuel), et nous montre que sous les successeurs d'Alexandre, au deuxième siècle avant notre ère, les anciens cultes de la Phénicie étaient conservés sans mélange et que la vieille langue chananéenne employée dans les inscriptions n'avait pas encore subi l'influence araméenne. La deuxième inscription est une dédicace à Moloch-Astaroth (Astarté, roi ou reine), par Abdeschmoun pour ses enfants. La troisième ne contient que quelques mots, « ton serviteur Abdosir, » adressés à une divinité quelconque sur un segment de gnomon. MM. Woepcke et Laussedat ont examiné, au point de vue astronomique et mathématique, la construction de ce cadran solaire, à surface conique, qu'ils ont pour ainsi dire restitué tout entier à l'aide du calcul.

Ainsi, comme on le voit, Oum el-Aouamid paraît devoir être un centre de trouvailles importantes et M. Renan le recommande aux futurs explorateurs de la Phénicie.

Non loin de là se trouve la plaine d'Acre, qui s'étend entre le mont Meschakkah et le mont Carmel, féconde en monuments juifs des premiers siècles de notre ère. Telles sont les deux synagogues de Kefr-Bereim, ornées d'inscriptions hébraïques dont le caractère graphique et le style chaldéen fixent la date à l'époque des Antonins (IIe siècle); la synagogue de Kasyoun, avec son inscription grecque de Caracalla (an 197); celle de Ghiscala et enfin les tombeaux et synagogue de Meirôn, déjà décrits en détail par Benjamin de Tudèle, Samuel-bar-Simson et autres pèlerins juifs du Moyen-âge.

M. Renan a terminé sa mission par une excursion en Palestine, pays qu'il n'avait pas à étudier, mais dont une exploration rapide pouvait être utile après un voyage en Phénicie, pour comparer l'aspect général de deux pays limitrophes où a régné la même langue. Les appréciations du voyageur au sujet de l'état de l'art en Palestine sont peut-être contestables, surtout depuis les travaux de MM. de Vogüé et de Saulcy, aussi ne nous étendrons-nous pas sur cette partie du voyage qui sortait, du reste, du cadre de la mission. Le lecteur curieux et compétent pourra, néanmoins, consulter avec fruit les pages consacrées à la question de l'art judaïque.

Tel est l'aperçu, que nous avons cru devoir présenter au public, de cet important voyage. Quel en a été le résultat ?

« Si le but d'une mission était de rapporter le plus d'objets possible dans les collections, la côte de Phénicie, comme le dit M. Renan, serait le pays du monde le plus mal choisi ; » mais, en dehors de cette curiosité qui s'attache à la contemplation d'un objet antique, il y a la science qu'il faut faire avancer, et l'on satisfait à ce but inexorable par les recherches et les fouilles de toute nature, qu'elles se traduisent ou non par l'acquisition et le transport des monuments décrits. En ce qui concerne la Phénicie et la Syrie, le sol a été depuis dix-huit siècles tellement remué par les différents envahisseurs grecs, romains, byzantins, croisés et musulmans, que les antiquités bibliques et phéniciennes ont dû fatalement disparaître pour ne plus laisser que des débris. A ce point de vue, l'effet des Croisades fut surtout désastreux, ainsi que le fait remarquer M. Renan : « Amenés à s'entourer de gigantesques murailles de pierre, les Templiers, les Hospitaliers, l'Ordre teutonique, la puissante féodalité de la Syrie dévorèrent tous les monuments antiques autour d'eux » en les employant à leurs nouvelles constructions. En outre, la situation de la Phénicie au bord de la mer a beaucoup contribué, par la facilité des transports, à la dévastation des antiquités. Quoiqu'il en soit, M. Renan a su tirer de ses recherches un ensemble de matériaux qui ont enrichi l'archéologie, l'épigraphie et l'histoire de cette partie du sol sémitique, et, dans un style aussi clair qu'élégant, l'illustre professeur a donné de nouvelles preuves de son talent d'investigation, de perspicacité et de discussion, comme aussi de son profond et incontestable savoir.

www.ingramcontent.com/pod-product-compliance
Ingram Content Group UK Ltd.
Pitfield, Milton Keynes, MK11 3LW, UK
UKHW012308240726
13966UKWH00004B/1729

9 782013 057813